青少年安全教育系列丛书

家长和老师的陪伴读物

拒绝网络伤害

宋维彬◎著

群众出版社

图书在版编目（CIP）数据

拒绝网络伤害 / 宋维彬著. -- 北京 ：群众出版社，2024.1
(青少年安全教育系列丛书)
ISBN 978-7-5014-6323-7

Ⅰ. ①拒… Ⅱ. ①宋… Ⅲ. ①安全教育－中小学－教学参考资料 Ⅳ. ①G634.203

中国国家版本馆CIP数据核字(2023)第253519号

拒绝网络伤害

宋维彬◎著

出版发行：群众出版社
地　　址：北京市丰台区方庄芳星园三区15号楼
邮政编码：100078
经　　销：新华书店
印　　刷：天津盛辉印刷有限公司

版　　次：2024年1月第1版
印　　次：2024年1月第1次
印　　张：2.75
开　　本：880毫米×1230毫米　1/32
字　　数：55千字

书　　号：ISBN 978-7-5014-6323-7
定　　价：29.00元

网　　址：www.qzcbs.com
电子邮箱：qzcbs@sohu.com

营销中心电话：010－83903991
读者服务部电话（门市）：010－83903257
警官读者俱乐部电话（网购、邮购）：010－83901775
法律图书分社电话：010－83905745

序 言

青少年是国家的未来、民族的希望，青少年的健康成长事关国家前途和民族命运。党和政府高度重视青少年的健康成长，着力构建青少年安全教育的国家、社会、学校和家庭协同机制，努力提高青少年的安全意识和自我保护能力。加强青少年安全教育，让青少年免受伤害，不仅是国家和社会的责任，也是学校和家庭的责任。

近年来，发生在全国各地的青少年安全事件时有发生，严重危害了青少年的身心健康发展。调查研究发现，青少年安全意识淡薄是青少年安全事故发生的重要原因之一。本套图书旨在向青少年及其家长、教师普及安全教育知识，讲解青少年自我保护的方法，将青少年安全教育落到实处，从而提升青少年的自我保护意识和能力。青少年安全教育包括心理健康教育、网络安全教育、交通安全教育、预防犯罪教育和远离毒品教育等内容。此次首批选取了青少年安全教育的三个重要领域进行编写，内容具有很强的针对性、专业性和可操作性。

《守护心理健康》 心理健康是青少年健康发展的重要内容。同时，青少年心理发育还不成熟，格外需要国家、社会、学校和家庭的呵护。该书通过心理健康教育，让青少年更好地了解自己，正确评价自己；克服自卑心理和逆反心理，做好情绪管理；缓解考试压力和焦虑情绪，增强自控能力；建立融洽的人际关系，养成良好品行。

《拒绝网络伤害》 网络已成为青少年学习生活的重要场域，能够满足其多元化需求。同时，因自控能力弱、辨别能力不强，青少年容易遭受网络伤害。该书通过拒绝网络伤害教育，使青少年认知电信网络诈骗的套路并学会防范；了解禁止未成年人参与网络直播打赏的规定，养成正确观看网络直播的行为习惯；了解网络沉迷和“不良饭圈”“黑界”“祖安文化”的危害，预防网络沉迷，明辨网络社交行为的边界；了解侵犯个人信息的内容、危害和法律责任，更好地保护个人信息。

《防范校园欺凌》 校园欺凌严重影响青少年身心健康，扰乱学校的教学管理秩序，甚至容易诱发违法犯罪行为。该书通过防范校园欺凌教育，让青少年了解预防校园欺凌的基本知识，正确认识校园欺凌的危害；明确识别欺凌行为，敢于对校园欺凌说“不”；让欺凌者知晓欺凌行为带来的后果、应当接受的教育惩戒措施以及要承担的法律责任，远离校园欺凌。

本套丛书贴近青少年现实生活、案例生动鲜活、问答设计严谨，趣味性、知识性兼具，既可作为教师开展青少年安全教育的内容参考，也可作为青少年及其家长学习安全知识的家庭读物，使青少年学会自我保护、远离危险，从源头上减少和避免各类安全事故的发生。

郭开元

中国青少年研究中心研究员

2023年12月

目 录

一、防范电信网络诈骗

二、禁止未成年人参与网络直播打赏

三、拒绝陷入网络沉迷

四、杜绝网络不良社交行为

五、做好个人信息保护

一、防范电信网络诈骗

1. 针对未成年人的电信网络诈骗有哪些

随着网络的发展，未成年人接触手机、电脑的机会越来越多，电信网络诈骗的目标也开始转向未成年人。诈骗人员利用未成年人对网络游戏、零花钱、明星的向往，以及其社会经验少、防范意识差的弱点，诱导他们上当受骗。在针对未成年人的电信网络诈骗中，有专门为未成年人“量身定制”的骗局，如网络游戏骗局、破解防沉迷系统骗局、返现返利骗局、网络追星骗局等；或将诈骗成年人的骗局加以改造后，用来诈骗未成年人，如虚假交易骗局、冒充公检法骗局、冒充熟人骗局等。其手段多样，让人防不胜防。

【开动脑筋】

你或你身边的人遭遇过电信网络诈骗吗？诈骗人员是如何进行诈骗的？

2. 网络游戏骗局的诈骗套路是什么

套路一：扫码解冻型诈骗套路

诈骗人员在各类短视频平台和论坛中散布类似“加群免费领取游戏皮肤或游戏道具”的消息，声称入群扫描二维码就可以领取。待未成年被害人入群后，诈骗人员会以被害人是未成年人为由，要求他们用父母的微信进行扫描。等被害人扫码后会弹出“账号被冻结”的提示消息，此时诈骗人员会告诉被害人通过扫描二维码进行解冻，并声称解冻成功后钱款会自动退回。诈骗人员会运用各种话术诱导被害人反复进行付款，等骗取大额钱款后便立即失去联系。

真实案例 1

以赠送游戏皮肤为诱饵要求扫码解冻

某日，小芳拿着妈妈的手机玩时，刷到自己正在玩的一款手游的视频，就随手点了下“赞”。随后发布视频的网友便添加了小芳为好友，又以赠送游戏皮肤的名义邀请小芳加入 QQ 群。自以为运气好的小芳加入 QQ 群后，对方立即发来一个二维码，声称扫码就可以领取游戏皮肤，小芳没多想就用家长的微信扫了二维码。然而，令小芳没有想到的是，扫码后不仅没有领到游戏皮肤，反而弹出一个提示框，显示微信已被冻结。无论小芳如何操作，微信都没有反应，小芳一下慌了神，生怕被父母发现后挨骂。这时，对方又在 QQ 上发来信息，声称必须跟着他操作才能解冻微信。在对方的诱骗下，知道支付密码的小芳打开家长的支付宝，将妈妈银行卡里的 4999 元转入支付宝余额，并通过扫二维码的方式转给了对方。所幸，家长很快就发现问题并报了警。

真实案例 2

● 以免费领取游戏装备为诱饵要求转账解冻

某日，12 岁的小马在快手 App 刷短视频时，看到免费领取游戏装备的信息，便根据提示加入了一个 QQ 群，在客服的引导下领取游戏装备。然而客服以账号被冻结为由，要求小马转账以便进行账号解冻。小马按照客服的要求，先后转账 5 笔共计 4300 元，事后发现被骗。

套路二：远程盗刷型诈骗套路

诈骗人员先以赠送游戏皮肤或游戏装备为由，诱导未成年人添加他们为好友。由于未成年人使用的手机通常不会绑定银行卡，诈骗人员就以“未成年人不能进行操作”为由，让未成年人设法取得家长的手机。随后，诈骗人员会诱导未成年人进行网络视频通话，远程操控未成年人进行操作，趁机偷窥未成年人家长的手机验证码，再利用一些网络支付 App 的漏洞，盗取未成年人家长银行账户里的钱款。

真实案例 1

远程视频遥控盗刷银行账户钱款

某日，三年级学生小周在上网课的间隙，使用手机玩起了网络游戏。这时有人发来私信，让小周加他的 QQ 号，声称可以免费赠送小周礼物和游戏装备，并且还能带他一起晋级。添加完 QQ 好友后，小周收到一个二维码，诈骗人员称扫描二维码就可以领取游戏道具。小周用自己的手机扫码后发给诈骗人员，但诈骗人员说不能用小周自己的手机，否则会扣 15 万元。然后诈骗人员打电话给小周，让小周开启摄像头，并将摄像头对着小周爸爸的手机。诈骗人员远程遥控小周下载了云闪付 App，从云闪付里获知了小周家长的银行卡号，又远程操控小周在支付宝里绑定了银行卡。第二天，小周爸爸才发现银行发来的短信，提示自己的银行账户已被人分三次总共转走了 6000 元。

真实案例 2

利用远程操作盗刷账户钱款

某日，12 岁的女孩小娜在网上看到视频广告，声称加入 QQ 群可以免费获取游戏皮肤。小娜加入 QQ 群后，群里一名游戏皮肤“派送员”告诉她，活动主要针对成年人，未成年人要想获得游戏皮肤激活码，需要使用家长的微信扫码。小娜急于获得免费的游戏皮肤，就以用手机完成作业为由，借来了妈妈的手机。随后，小娜按照“派送员”的要求进行扫码等操作，却被告知操作不当，账号被冻结。小娜担心被家长发现，“派送员”便提出让小娜加“技术解除员”的 QQ 号进行远程操作。诈骗人员随即利用远程操作盗刷小娜妈妈的信用卡和花呗，使小娜妈妈损失 7.7 万元。

套路三：威胁恐吓型诈骗套路

诈骗人员会以免费领取游戏皮肤或游戏道具为由，诱骗未成年人添加他为好友。随后诈骗人员会发来二维码，让未成年人用家长的手机扫码领取。等未成年人扫码后，便会弹出提示框，显示未成年人违法操作，账号被冻结，并要赔款和判刑，甚至利用亲情进行恐吓。未成年人往往因恐惧失去理智，对诈骗人员言听计从。诈骗人员会让未成年人添加“解除员”为好友，“解除员”会通过视频通话等方式远程操控未成年人，将其家长账户里的钱款转走。

真实案例 1

利用亲情恐吓诱骗借款转账

某日，8 岁的小曼用妈妈的手机玩游戏时，游戏群内有人给她发私信，声称可以免费领取游戏皮肤。小曼按照提示操作后，诈骗人员发来一张二维码，让她用妈妈的手机扫码并截图。小曼扫码后弹出一个提示框，显示领取皮肤登记成功，但由于小曼是未成年人，如果未在 30 分钟内用家长手机领取，账号会永久封停，并对家长做出扣除罚金和拘留的处罚。诈骗人员告诉小曼，由于她操作失误，银行卡被冻结，需要找“解除员”解冻，如果没有在 30 分钟内解除，银行会报警，会抓她坐牢。小曼听后害怕极了，立刻扫码添加“解除员”为好友，对方让她去没有人的地方进行视频通话。“解除员”自称是警察，远程教小曼打开妈妈手机的网商银行并给他看，见网商银行可借额度有 13 万元，便让小曼进行借款。借款成功后，“解除员”发送了一个支付宝商家账号让小曼转账。小曼在诈骗人员的诱导下转账 2 次，被骗 12.5 万元。

真实案例 2

利用赔钱、判刑威胁诱骗扫码转账

某日，12 岁的小吴使用母亲的手机登录某 QQ 群，看见有人免费发放游戏皮肤，便添加对方为 QQ 好友，并用微信扫描二维码领取皮肤。但对方告诉小吴他的账号存在非法领取行为，需要联系后台工作人员进行处理，否则需要赔付 10 万元并判刑 1 年。小吴非常害怕，便添加了后台工作人员的 QQ 号，并按照对方语音提示扫描二维码支付了 6500 元。事后小吴母亲发现异常并报警。

3. 破解网络游戏防沉迷系统骗局的诈骗套路是什么

套路一：连续骗取转账型诈骗套路

诈骗人员在社交平台发布虚假广告，声称可以破解网络游戏防沉迷系统，吸引想长时间玩网络游戏的未成年人“上钩”，主动添加他们的微信或QQ。在添加好友后，诈骗人员哄骗未成年人只需缴纳小额费用就能解开限制。等未成年人向他们转账后，又以“账号激活失败”“需要手续费”等为由，要求他们继续转账，当骗取到足够钱款后，将受害者拉黑。有的诈骗人员在未成年人转账后，会谎称因未成年人操作失误造成账号被冻结，如果不按要求进行操作解冻，就报警抓捕未成年人家属。未成年人因恐惧害怕，只好按照诈骗人员的要求进行操作，不断向他们转账，损失惨重。

真实案例 1

以各种理由要求不断转账

某日，学生小杨在家中用奶奶的手机玩游戏时，因有网络游戏防沉迷系统，无法长时间登录游戏。小杨在某短视频平台看到关于破解网络游戏防沉迷系统的广告，便添加了对方的 QQ 进行联系。对方称只有按照要求做才能成功破解。在对方的哄骗威胁下，小杨将自己的压岁钱和父母支付宝、奶奶账户余额里的钱款全部转给对方，但对方仍以“账号激活失败”“需要手续费”等理由要求小杨继续转账。当小杨意识到不对劲向大人求助时，已被骗 4.9 万元。

真实案例 2

通过视频遥控不断付款

某日，15 岁的小谭在玩手机时，有人添加他为好友，并声称可以帮助他解除未成年人手机游戏的时间限制。小谭信以为真，按照对方的要求开通了视频通话，并依照对方的指导，偷偷使用家长手机先后 3 次扫码支付，共计被骗 3800 元。

套路二：骗取账号密码型诈骗套路

诈骗人员在社交平台发布虚假广告，声称可以破解网络游戏防沉迷系统，吸引想长时间玩游戏的未成年人“上钩”，主动添加他们的微信或QQ。等加为好友后，诈骗人员声称解锁网络游戏防沉迷系统需要提供父母的银行卡号、密码、验证码，或者支付软件账号、登录密码、支付密码，有的诈骗人员还会要求未成年人进行屏幕共享或视频通话等协助其操作。等未成年人提供账号密码后，诈骗人员便进行盗刷，骗取未成年人父母财产。

真实案例 1

● 骗取账号密码后通过提现骗取钱款

某日，14岁的女孩小美在某平台留言，发布寻求破解游戏防沉迷系统的信息。随后有骗子联系她，声称可以破解网络游戏防沉迷系统，并向小美索取了微信账号、手机号码、验证码等。骗子随即将小美微信绑定的银行卡中的钱提现，放入小美的微信账户中。紧接着，骗子谎称刚刚操作失误，给小美的微信进行了转账，要求小美通过微信红包的形式把钱发还给他。小美信以为真，多次发送微信红包给骗子，共计被骗1270元。

真实案例 2

骗取账号密码后直接盗刷钱款

某日，14 岁的男孩小勇在某网站看到可以破解网络游戏防沉迷系统的帖子，便通过帖子上的联系方式联系到骗子。之后骗子向小勇索取微信账号、登录验证码，并发送了一个人脸识别链接。小勇提供了母亲的微信账号和验证码后，又编造借口让母亲进行人脸识别。结果，手机陆续收到多条转账短信，共计被骗 5 万余元。小勇因为担心被家长发现，几乎删除了所有证据，增加了案件侦破难度。

4. 返现返利骗局的诈骗套路是什么

诈骗人员在社交平台散布“红包返利”等活动消息，诱骗未成年被害人添加他为好友。随后诈骗人员会要求被害人扫描二维码，在弹出的付款页面输入指定的小金额，并声称支付后不会产生实际扣款，而是可以获得高额返利。当被害人完成支付发现钱款被扣后，诈骗人员便解释这是因为被害人是未成年人，需要用父母的手机进行验证，才能获得退款和返利。诈骗人员会诱骗被害人进行视频通话，然后指导被害人操作家长的手机不断进行扫码付款，等钱款到手后便失去联系。现实中，诈骗人员还会不断更新诈骗套路，以层出不穷的诈骗手段对未成年人实施诈骗。

真实案例 1

以投票返现的名义实施诈骗

某日，14 岁的小朱被朋友拉入一个 QQ 群，群里通知可以通过投票获得返现。小朱扫描诈骗人员提供的二维码后，被要求输入代码 88.8，小朱输入后发现手机被扣款 88.8 元，并且没有返现通道。随后，诈骗人员添加小朱为QQ好友，声称因为小朱是未成年人，他的转账行为导致公司账户被冻结，小朱必须按要求进行操作后才能解除冻结，否则将通过公安机关传唤小朱的父母。诈骗人员还要求小朱操作解冻时不能让父母发现。小朱按照诈骗人员的要求进行操作，并出示了父母的付款码，随后被诈骗人员扣款 1.26 万元。

真实案例 2

以刷单返利的名义实施诈骗

某日，14 岁的小秦经朋友推荐加入某“QQ 追星粉丝群”，经群内管理员介绍参加了刷单返利活动。小秦按照要求扫码，进行刷单操作之后，管理员声称小秦是未成年人，要求进行身份审查，并让小秦缴纳 8000 元审查保证金。小秦便用母亲的账号扫码支付，事后发现自己被骗。

真实案例 3

以充值返利的名义实施诈骗

某日，11 岁的小罗用家长的手机与人聊天时，在一个 QQ 群里看到一则给游戏充值 300 元返 1000 元的广告，上面还有联系人的 QQ 号。小罗因为好奇便添加了对方为好友，由于知道家长的支付密码，小罗根据要求通过扫码方式向对方转账了 300 元。但是，当小罗把转账截图发给对方后，发现并没有得到 1000 元的返利。不想继续参与活动的小罗立即要求退款，对方让他添加“财务人员”的 QQ 号进行退款。随后，“财务人员”要求小罗提供家长的支付软件账号，并表示需要通过贷款来验证信用度，才能返还 300 元。小罗担心被父母责骂，也想拿回 300 元，便按照对方的要求操作，通过贷款软件分两次给骗子转账 1.8 万元。随后，QQ 群被立即解散，小罗也被对方拉黑，此时小罗才发现自己被骗。

真实案例 4

以红包返利的名义实施诈骗

15岁的小辛因父母在外地工作，一直由爷爷照看。某日，小辛在一个QQ群中看到有人发信息，声称只要发3.88元红包，就有机会获得数千元的红包返利。小辛与发信息的人私聊后加入一个新群，群里的人正热火朝天地发自己刚拿到的红包返利的截图。随后，小辛向群主发送3.88元红包，但对方称由于小辛是未成年人，他发的红包导致自己账户资金被冻结，让小辛赶紧解决，否则便报警。小辛非常害怕，便按照对方的指示，用爷爷的手机向对方发来的陌生账户陆续转账上万元，随后发现被骗。

5. 网络追星骗局的诈骗套路是什么

诈骗人员经常以加入“明星粉丝QQ群”为诱饵，声称完成任务可领取礼品或者明星签名，诱骗未成年人进行转账或刷单。诈骗人员还会通过伪装成明星本人或者后援会，要求粉丝应援打榜，或付费进入明星粉丝群等形式，对未成年追星群体进行诈骗。现实中，网络追星骗局的诈骗套路层出不穷，诈骗手段五花八门。

真实案例 1

以应援打榜的名义威胁转账解冻

12 岁的小乐是某偶像团体的资深小粉丝，平时沉迷于追星。某日，小乐在 QQ 空间看到一个 QQ 号发布了偶像团体的动态，她主动添加了这个 QQ 号。对方自称是偶像团体的助理，专门负责“打榜”，声称只要扫描他发来的二维码支付 1 分钱，就可以助力“打榜”，而且还有机会获得偶像的亲笔签名照片。小乐被深深吸引，迫不及待地进行了扫码支付。很快对方将小乐拉进一个小群，并发过来一张系统截图，声称因为小乐是未成年人，导致他们的账户和小乐父母的账户都被冻结，并威胁小乐配合解除冻结，否则便会扣除她父母手机里的钱，并且公安机关也会上门找她。因极度恐慌，小乐在短短 15 分钟内分三次通过云闪付给对方转账，共计 20776 元。对方确定小乐的手机再也支付不出钱来后，便将小乐的 QQ 号拉黑。

真实案例 2

以泄露明星隐私为由威胁交保证金

某日，12 岁的小吴刷手机短视频时看到一个明星QQ 群，恰巧小吴也是这个明星的粉丝，就加入其中。随后，群里有个管理员说小吴私自加入明星的 QQ 群，可能导致明星隐私被泄露，需要对小吴排除嫌疑，如果小吴不配合就要抓她的父母去派出所。小吴非常害怕，就按照对方的指示进行了操作。对方以交保证金为由，要求小吴使用父亲的银行卡向对方扫码支付了5500 元。事后家长发现被骗，立马报警。

真实案例 3

冒充明星律师身份威胁转账

小王在刷视频时，偶然添加了某明星的“私人 QQ号码”。在聊天过程中，对方自称是该明星的“律师”，并表示小王侵犯了明星的隐私，需要配合调查。“律师”新建了一个群聊，群聊中有 3 人，除了小王和“律师”外，还有一位自称是警方的工作人员。他们在群里开启了语音通话，诈骗人员一遍遍地说要调查小王，还说会影响到小王的学业等方面，威胁小王转钱。小王十分恐惧，偷拿妈妈的手机转账 6200 余元，该群聊即刻解散，小王也被其删除拉黑。

真实案例 4

假称给明星投票实则骗取转账

诈骗人员张某等人通过购买以明星真实名字作为昵称、明星本人照片作为头像的QQ号，利用该类QQ号之前创建的多个“明星粉丝QQ群”，添加被害人为好友，在群里虚构明星身份，以给明星投票的名义诈骗被害人钱款。某日，张某通过购买的虚假明星QQ号，添加13岁的小刘为好友。张某自称是明星本人，要求小刘给自己网上投票，并给小刘发送了一个投票二维码。该二维码实际上是收款二维码，诱骗小刘使用母亲的微信账号扫描该二维码，并输入10099的“投票编码”，而该“投票编码”实际上是10099元的转账金额。小刘完成的投票，实际上是进行了资金转账。当小刘发现钱款被转走要求退款时，张某又继续欺骗小刘，声称添加“退款客服”后可以退款。小刘添加“退款客服”为好友后，对方谎称需要继续投票才能退款，再次诱骗小刘通过母亲的支付宝给诈骗人员扫码转账1万余元。

6. 虚假交易骗局的诈骗套路是什么

套路一：网络游戏产品虚假交易诈骗套路

诈骗人员在社交平台、游戏社区等空间发布买卖游戏装备、游戏账号，低价销售游戏币等广告消息，诱骗未成年人在虚假的游戏交易平台进行交易。然后诈骗人员通过注册费、押金、解冻费、先付款等名义诱骗未成年人付款，收到钱后将未成年人拉黑。

真实案例 1

● 高价售卖游戏账号被骗

某日，17 岁的小黄在玩手机游戏时，网上有人表示要高价购买小黄的游戏账号，随后双方添加为 QQ 好友。对方让小黄登录名叫“下芬购”的网站，声称该网站为正规游戏交易平台，很多游戏玩家都在这个网站买卖账号。小黄同意并在该平台出售游戏账号后，对方称其购买游戏账号的钱款被“下芬购”网站冻结了，需要账号出售方小黄充值进行交易确认。小黄便在该网站充值 2 次共计 3000 元，后来发现对方的 QQ 联系不上，“下芬购”网站也无法登录。

真实案例 2

低价购买游戏材料被骗

某日，16 岁的小明在玩游戏时，发现有玩家低价售卖游戏贵重材料。小明想以 5000 元收来，再以 7000 元转卖，从而赚取差价。对方提出先付钱后交货，并发给小明多张他与其他玩家成功交易的截图。小明信以为真，借机拿奶奶的手机给对方转账 5000 元。结果对方并未给小明游戏材料，反而将他拉黑。

套路二：商品购物虚假交易诈骗套路

诈骗人员通常以低价出售或赠送热门电子产品、虚拟商品等名义，诱骗未成年人“上钩”。未成年人缺乏辨别能力，很容易被各种所谓的“福利活动”吸

引，一旦联系“客服”咨询后，“客服”往往以贷款、保证金、报名费等名义诱骗未成年人扫码转账。有些诈骗人员还会以锁定账号、冻结账户等名义，威胁未成年人转账。

真实案例 1

● **购买手机不断转账被骗**

某日，17 岁的小胡在某短视频平台刷到销售手机的视频。小胡添加了对方的 QQ 号，确认了手机型号和价格后，决定购买。对方要求先支付定金再发货，小胡向对方转账 350 元，对方承诺 4 天内送到。但后来对方又以“需要支付快递费”“补尾款”“因转账失败需再次转账”等理由，要求小胡不断转账。钱款到手后，对方将小胡拉黑，小胡共计被骗 2250 元。

真实案例 2

低价购买电子产品被骗

某日，12 岁的小红在浏览陌生网友的 QQ 空间时，发现对方以超低价格出售多种电子产品，其中一款蓝牙耳机原价上千元，对方仅卖 200 元。小红心动不已，便通过微信扫码向对方转账 200 元购买耳机。随后，对方发来信息，声称要小红支付 388 元快递费保证金才能发货，并承诺发货后会将保证金全额退还，小红没多想就向对方支付了保证金。不久，对方提供了一个 QQ 号让小红添加，称客服会联系她退还保证金。小红添加客服后，客服说小红是未成年人，按照公司规定退款只能转入家长的账户。小红知道妈妈的支付密码，就用妈妈的微信扫描了客服提供的“退款二维码”，并按照客服要求输入 4999 几个数字。结果，妈妈的微信账户被转走了 4999 元。小红连忙联系客服，客服又发来另一个二维码，声称扫描后输入 9999 即可退回 4999 元及保证金。小红照做后，发现又向对方账户转入了 9999 元，这才反应过来被骗，立即在家人的带领下报警求助。

7. 冒充公检法骗局的诈骗套路是什么

诈骗人员冒充警察等公检法机构工作人员，在微信、抖音、QQ 等社交平台，通过给未成年人发私信的方式，谎称未成年人涉嫌犯罪需要接受调查，让未成年人添加他的微信或QQ。随后，诈骗人员会编造各种理由，谎称未成年人涉嫌某种犯罪，需要接受调查，并威胁未成年人不许告诉其他人。接着，诈骗人员会要求未成年人缴纳保证金、返还钱款、支付解冻款等，否则将面临严重后果，并指导未成年人用家长的手机转账付款。未成年人出于对公检法机构工作人员的信任，并且内心恐惧，便会按照诈骗人员的要求去做，最后被骗。

真实案例 1

以调查诈骗犯罪为由实施诈骗

某日，9 岁的小研在家玩手机游戏时，一个自称“许警官”的人通过微信视频号私信小研，声称小研诈骗他人 2 万元。小研很害怕，添加了对方微信，对方让小研到没人的地方接受调查。诈骗人员告诉小研需要往指定账户转账 10 万元保证金，否则将对她进行逮捕拘留。在诈骗人员的引导下，小研将父亲的身份证、银行卡、支付宝等重要信息截图发给了对方。当诈骗人员自行修改支付密码时，小研手机收到了修改密码的短信提示。察觉不对劲后，小研立刻告诉了父亲。父亲询问后才知道小研被骗，于是立即到派出所报案。

真实案例 2

以调查平台被冻结为由实施诈骗

某日，12 岁的小鹿在家玩手机时，有人通过抖音私信给她发消息，以公安机关秘密办案为由让小鹿配合调查，并威胁小鹿如果告诉家长，她就会被抓起来。小鹿虽然害怕，但看对方是“警察”，便马上答应了。对方让小鹿添加他的微信，并开启了微信视频。对方身着警服，并向小鹿出示了“警官证”。接着，对方声称小鹿曾以未成年人的身份购买明星周边，导致平台账户被冻结了 3 万元。平台已经报警，警察正在办案，如果不尽快返还这 3 万元，小鹿的家人就会坐牢，这让小鹿非常恐惧。对方要求小鹿赶紧用妈妈的手机解除平台限制，再次强调不能告诉任何人，惊慌失措的小鹿顺从照办。等妈妈发现小鹿不对劲，夺过手机后，发现信用卡已被透支了 3 万余元。

真实案例 3

以调查泄露明星隐私为由实施诈骗

某日，13 岁的小李收到一条私信，让她扫码进群，给喜欢的某明星“打 Call”。小李进群后，群里突然出现了一位“张警官”，说有人泄露明星隐私，群里所有人都要配合调查，否则将直接联系监护人缴纳罚款 2 万元。小李立马给“张警官”发消息解释，对方让她加律师的 QQ，好好配合才能洗清嫌疑。小李加上“赵律师”后，对方打来视频电话，让小李拿妈妈的手机，将支付宝的所有余额转过去，并让小李买了一部 8000 多元的手机，寄到对方指定的地点。“赵律师”声称这两笔钱之后将原路退回。小李便一一照做，等妈妈看到手机转账记录后，才发现被骗了 35.8 万余元。

8. 冒充熟人骗局的诈骗套路是什么

诈骗人员盗取未成年人的微信号、QQ 号后，冒充未成年人本人，向他的亲戚、朋友借钱，或者以未成年人发生交通事故、得病等为由，要求他的亲戚、朋友转钱，从而实施诈骗。

真实案例 1

盗取 QQ 号冒充亲友实施诈骗

某日，17 岁的小金收到好哥们儿小马发来的 QQ 消息，说小马奶奶要住院，需要 1000 元钱，小马爸妈得明天才能回来，让小金先转给小马，等小马爸妈回来再还给小金，并将小马奶奶在医院的照片发给了小金。小金信以为真，随即给小马转账。后来小马本人联系小金，说自己的 QQ 号被盗，小金才知道被骗了。

真实案例 2

盗取微信号冒充同学实施诈骗

某日，小王看到一个同学在朋友圈发消息说亲戚开店求宣传，小王就在下面点了“赞”。然后这位同学就私信小王，询问能否给她转 99 元做宣传，声称事后会返给小王 297 元。小王念及同学之情，又有钱拿，就同意了，事后才知道同学的微信号已经被盗。在骗子的诱导下，小王用微信扫描了骗子提供的二维码，并进行转账。这时骗子又说小王是未成年人，不能转账，需要添加一个 QQ 客服。之后，在“客服”的指导下，小王又加入了名为“处理中心”的 QQ 群。随后，“客服”让小王拿监护人的手机解除未成年人的转账限制，并以发律师函恐吓小王，要求小王立即进行操作。小王信以为真，便拿父母的手机进行操作。按照骗子的要求，小王下载并开通了云闪付，把云闪付绑定支付宝和抖音，之后又登录了小米捷付睿通。中间有验证码之类的短信发过来，小王均告诉了骗子。后来有个绑定的环节需要人脸识别，小王就拿去找母亲。母亲发现不对劲，便查看账户余额，发现银行卡余额少了 1.6 万元，抖音贷款花了 2.9 万元。母亲立即报警，在民警的帮助下，抖音贷款花费的 2.9 万元被顺利追回，银行卡也及时止损。

9. 其他类型的骗局还有哪些

除了上述常见的诈骗套路外，诈骗人员还会利用幸运中奖、出借微信号及出借、出卖电话卡等骗局，对未成年人进行诈骗，甚至利用未成年人帮助他们实施诈骗犯罪。

真实案例 1

● 幸运中奖骗局

10 岁的小莉平时喜欢看一些短视频，某次留言评论时，意外被选为“幸运用户”。骗子联系小莉，说她的精品留言获得了 10 万元大奖，并请求添加小莉为微信好友。骗子声称奖金已经转账，但因为小莉是未成年人无法领取，导致官方账户被冻结，需要进行账户激活，如果不及时领取，可能要坐牢。小莉被吓得惊慌失措，在骗子的诱导下，准备按照要求向对方转账。由于小莉不知道支付密码，导致转账没有成功。小莉妈妈察觉不对劲，翻看聊天记录后才发现小莉被骗，立即报警求助。

真实案例 2

出借微信号骗局

12 岁的小李平常用手机来交网课作业。某日，小李在手机上看到一条游戏平台“客服”发来的推广信息，声称只要出借微信号，投票打榜 5 分钟，就可以获得 588 元的报酬。小李被骗子诱惑，直接将微信账号和密码告知对方，并提供了手机验证码。随后，“客服”告知小李，后台检测到小李的微信账号违规操作，要封停 30 天，其间不能尝试登录、申请冻结，否则会被永久注销，并且影响个人征信。小李吓坏了，不敢告诉家人。由于妈妈忘记了小李的微信绑定了自己的银行卡，又没有开通短信提醒，直到一个月后才收到银行发来的异常消费短信。经查流水记录，妈妈的银行卡被盗刷 59 次，被骗共计 18.63 万元。

真实案例 3

出借、出卖电话卡骗局

某日，学生小黄通过同学介绍获得一份兼职，通过出借、出卖自己的电话卡赚取佣金，每出借 1 小时电话卡就能获得 30 元，每出卖 1 张电话卡就能获得 200 元。动动手指就能赚钱，这让小黄心动不已。于是小黄将自己的电话卡卖给了一个陌生人，小黄和同学分别获得了 100 元。实际上，小黄出卖的电话卡是用来帮助电信网络诈骗人员实施电信诈骗的。小黄因涉嫌帮助信息网络犯罪活动罪，被公安机关立案侦查。

【开动脑筋】

你平时该如何做才能防范电信网络诈骗？

10. 未成年人如何防范电信网络诈骗

未成年人一定要牢记以下几点，严格防范电信网络诈骗：

（1）所有声称免费领取、免费赠送的，都是诈骗；

（2）所有声称破解网络游戏防沉迷系统的，都是诈骗；

（3）所有声称大额返利、大额返现的，都是诈骗；

（4）所有声称明星、明星助理的，都是诈骗；

（5）网购要到官方正规平台，不与陌生人私下交易；

（6）遇到公检法来调查，立即告诉家长、老师；

（7）遇到亲朋好友借钱，致电本人反复确认；

（8）兼职要在正规网站查找，先付款后入职都是诈骗；

（9）不出租、出售微信号、电话卡，不被高价收卡冲昏头脑；

（10）不添加陌生人为好友，被拉入陌生群要立即退出；

（11）不扫描陌生人提供的二维码，不点击陌生人发来的链接；

（12）不向陌生人透漏账号密码，不与陌生人进行屏幕共享；

（13）不告诉陌生人个人信息，不向陌生人转账充值；

（14）遇到可疑情况不要害怕，立即向大人求助。

二、禁止未成年人参与网络直播打赏

1. 未成年人可以参与直播打赏吗

未成年人不可以参与直播打赏，国家禁止未成年人参与直播打赏。网站平台必须严格落实实名制要求，禁止为未成年人提供现金充值、“礼物”购买、在线支付等各类打赏服务。

政策文件

《关于规范网络直播打赏 加强未成年人保护的意见》（节选）

二、工作举措

1．禁止未成年人参与直播打赏。网站平台应当坚持最有利于未成年人的原则，健全完善未成年人保护机制，严格落实实名制要求，禁止为未成年人提供现金充值、“礼物”购买、在线支付等各类打赏服务。网站平台不得研发上线吸引未成年人打赏的功能应用，不得开发诱导未成年人参与的各类“礼物”。发现网站平台违反上述要求，从严从重采取暂停打赏功能、关停直播业务等措施。

《关于加强网络直播规范管理工作的指导意见》（节选）

三、确保导向正确和内容安全

……

6．加强未成年人保护。网络直播平台……应当向未成年人用户提供“青少年模式”，防范未成年人沉迷网络直播，屏蔽不利于未成年人健康成长的网络直播内容，不得向未成年人提供充值打赏服务。

2. 未成年人直播打赏的行为有效吗

不满8周岁的未成年人是无民事行为能力人，实施的直播打赏行为属于无效民事法律行为。8周岁以上的未成年人是限制民事行为能力人，实施的直播打赏行为如果与他的年龄、智力不相适应，属于效力待定的民事法律行为，需要经法定代理人同意或者追认后才有效；如果法定代理人不同意或者不予追认，则直播打赏行为无效。

法律法规

《民法典》

第十九条　八周岁以上的未成年人为限制民事行为能力人，实施民事法律行为由其法定代理人代理或者经其法定代理人同意、追认；但是，可以独立实施纯获利益的民事法律行为或者与其年龄、智力相适应的民事法律行为。

第二十条　不满八周岁的未成年人为无民事行为能力人，由其法定代理人代理实施民事法律行为。

第一百四十五条第一款　限制民事行为能力人实施的纯获利益的民事法律行为或者与其年龄、智力、精神健康状况相适应的民事法律行为有效；实施的其他民事法律行为经法定代理人同意或者追认后有效。

真实案例

充值消费行为被判定为无效

某日，初三学生小美借用父亲王先生的手机注册了一款线上语音、唱歌及移动社交 App。在使用期间，小美使用父亲的微信、支付宝在该 App 账户中累计充值了 194 笔，共计 3 万余元。王先生发现后，立即与该 App 的运营公司联系，要求退款，但未得到解决。王先生以小美的名义将运营公司起诉至法院。由于小美仅有 12 周岁，她在 App 充值消费 3 万余元的行为与她的年龄、智力不相适应，充值行为属于效力待定的民事法律行为，需要王先生同意或追认才有效。由于王先生对小美的充值行为不予追认，因此，小美的充值消费行为无效。

3. 家长是否有权要求返还打赏款

未满8周岁的未成年人实施的直播打赏行为无效，家长可以直接要求返还打赏款。8周岁以上的未成年人实施的直播打赏行为，如果与他的年龄、智力不相适应，则打赏行为效力待定，家长可以不同意或者不予追认打赏行为，要求返还打赏款。在打赏行为中，如果一方有过错，需要赔偿对方由此所受到的损失。

法律法规

《民法典》

第一百五十七条　民事法律行为无效、被撤销或者确定不发生效力后，行为人因该行为取得的财产，应当予以返还；不能返还或者没有必要返还的，应当折价补偿。有过错的一方应当赔偿对方由此所受到的损失；各方都有过错的，应当各自承担相应的责任。法律另有规定的，依照其规定。

真实案例

家长成功要求返还打赏款

某日，16 岁的学生小刘使用父母用于生意资金流转的银行卡，多次打赏直播平台主播，打赏金额高达近 160 万元。小刘的父母知道后，希望直播平台能退还全部打赏款，但遭到直播平台的拒绝。随后，小刘的父母将直播平台起诉至法院，要求返还打赏款。法院在审理过程中，多次组织双方调解。最终，双方达成庭外和解，直播平台自愿返还近 160 万元的打赏款，小刘的父母申请撤回起诉。

4. 未成年人直播打赏款能全部返还吗

如果未成年人的直播打赏行为被认定为无效，打赏款能否全部返还要视情况而定，不能一概而论。针对未成年人的家长来说，要考虑家长是否尽到了监护职责，未成年人是不是在脱离家长监护的情况下实施的打赏行为。针对网络直播服务提供者来说，要考虑提供者是否对用户的年龄限制进行明确约定和提醒，并采取充分的技术措施，避免未成年人在未经家长同意的情况下进行直播打赏。

真实案例 1

● 直播打赏款全部返还

2022 年 3 月，某省消保委接到一起未成年人高额打赏主播的投诉，涉案金额超过百万元。工作人员通过调取、分析聊天记录发现，被打赏的主播明知打赏者是未成年人，并且诱导该未成年人充值打赏，在微信支付达到限额的情况下，引导该未成年人通过第三方账号进行代充值。经过某省消保委多次协调，直播平台最终将百万余元打赏款全部返还给消费者。

真实案例 2

转账充值款部分返还

11 岁的小蒋一直与外婆生活。某日，小蒋偷偷用外婆的手机号注册了游戏直播解说平台的账号。小蒋在外婆毫不知情的情况下，使用外婆的微信，先后 40 次向直播平台转账充值，用于购买平台虚拟币，打赏平台上进行游戏直播解说的主播，转账总金额 10 万余元。小蒋的母亲发现后，以小蒋的名义将直播平台起诉至法院，要求返还充值款。法院经审理认定，小蒋的转账行为明显超出了他的智力所能理解的范围。小蒋的外婆对转账行为不知情，小蒋的母亲也明确拒绝追认，小蒋的转账行为属于无效法律行为。小蒋的母亲长期与小蒋分离，并且将小蒋外婆的微信及银行卡支付密码等重要信息告知小蒋，对小蒋没有尽到监护职责，存在过错。直播平台没有采取技术手段防范未成年人沉迷于网络直播游戏，也存在过错。因此，法院判决直播平台返还小蒋部分充值款项。

5. 冒用成年人账号打赏该如何处理

网站平台应建立未成年人专属客服团队，对未成年人冒用成年人账号打赏的，网站平台应当在保护隐私的前提下及时查核，属实的须按规定办理退款。

政策文件

《关于规范网络直播打赏 加强未成年人保护的意见》（节选）

二、工作举措

……

4. 建立专门服务团队。网站平台应建立未成年人专属客服团队，优先受理、及时处置未成年人相关投诉和纠纷。对未成年人冒用成年人账号打赏的，网站平台应当在保护隐私的前提下及时查核，属实的须按规定办理退款。对于违规为未成年用户提供打赏服务的网站平台，以及明知用户为未成年人仍诱导打赏的经纪机构和网络主播，从严采取处置措施。

《关于加强网络直播规范管理工作的指导意见》（节选）

三、确保导向正确和内容安全

……

6. 加强未成年人保护。网络直播平台应当……建立未成年人专属客服团队，优先受理、及时处置涉未成年人的相关投诉和纠纷，对未成年人冒用成年人账号打赏的，核查属实后须按规定办理退款。

真实案例

短视频平台返还孩子私自打赏款

15 岁的小裴因父亲常年在外打工，一直由爷爷看管。小裴迷上了刷短视频，无意间得知爷爷的支付密码后，便私自用爷爷的手机分多次偷偷充值 9800 元，用于打赏主播。爷爷发现钱没了后，便向派出所报警。民警立即与短视频平台取得联系，沟通了相关情况，并向平台提供了充值扣款记录等相关证据，证实充值者是未成年人，并且是在无人监管的状态下私自打赏主播。最终，短视频平台将 9800 元充值款全数退还。

6. 未成年人该如何观看网络直播

未成年人不要沉迷网络直播，更不要参与直播打赏。观看网络直播时要选择“青少年模式”。“青少年模式”是经过严格内容遴选、适合未成年人观看使用的有益方式。如果晚上观看网络直播，要在22点前关闭直播，保障充足的休息时间。

《关于规范网络直播打赏 加强未成年人保护的意见》（节选）

二、工作举措

……

3. 优化升级“青少年模式”。“青少年模式”是经过严格内容遴选、适合未成年人观看使用的有益方式。网站平台应在现有“青少年模式”基础上，进一步优化产品模式和内容呈现方式，持续增加适合未成年人的直播内容供给。严格内容审核把关流程，配备与业务规模相适应的专门审核团队，既选优选精又杜绝“三俗”，让家长放心、孩子满意、社会叫好。要优化模式功能配置，在首页显著位置呈现，便于青少年查找和家长监督，严禁提供或变相提供各类“追星”服务及充值打赏功能。

……

6. 加强高峰时段管理。每日 20 时至 22 时是青少年上网的高峰时段，也是规范网络直播的重要时点。网站平台在每日高峰时段，单个账号直播间“连麦 PK”次数不得超过 2 次，不得设置“PK 惩罚”环节，不得为“PK 惩罚”提供技术实现方式，避免诱导误导未成年人。网站平台应在每日 22 时后，对“青少年模式”下的各项服务强制下线，并不得提供或变相提供常规模式开启方式，保障青少年充足休息时间。

三、拒绝陷入网络沉迷

1. 什么是网络沉迷

网络沉迷是指长时间和习惯性地沉浸在网络时空当中，对互联网产生强烈的依赖，以至于达到了痴迷的程度而难以自我解脱的行为状态和心理状态。

规范标准

《中国青少年健康教育核心信息及释义（2018 版）》（节选）

网络成瘾，是指在无成瘾物质作用下对互联网使用冲动的失控行为，表现为过度使用互联网后导致明显的学业、职业和社会功能的损伤。诊断网络成瘾障碍，持续时间是一个重要标准，一般情况下相关行为至少持续 12 个月才能确诊。

2. 如何判断自己是否陷入网络沉迷

如果你不是在网络上学习工作，而是在玩网络游戏或刷短视频等，每天上网时间超过 3 小时，并且至少出现下列情形之一时，便具有了陷入网络沉迷的倾向：

（1）因为上网而对爱好、交际等其他娱乐活动失去兴趣；

（2）多次想停止上网，但总不能控制自己；

（3）因为上网而不能完成作业或逃学；

（4）向家长或老师、同学隐瞒自己上网的事实；

（5）明知会导致睡眠不足、上课迟到、与父母争执等负面后果，还是继续上网；

（6）对没有网络的日子感到恐惧、无聊、空虚；

（7）宁可多花点时间上网，也不愿意与人交流等。

【开动脑筋】

你平时玩网络游戏或刷短视频吗？你在玩网络游戏或刷短视频时，有没有陷入网络沉迷的倾向？

3. 陷入网络沉迷有哪些危害

损害身体健康：网络沉迷会导致视力下降，睡眠减少，饮食不规律，造成消化系统疾病，体质下降，严重的还会引发猝死。

损害心理健康：网络沉迷会导致与现实生活脱节，出现自我封闭、自以为是等抑郁性神经症，产生焦虑、抑郁、担忧等负面情绪。

影响学习成绩：网络沉迷会导致无心向学、逃课、学习成绩下滑，甚至因学习成绩不合格而被迫退学。

影响社会交往：网络沉迷会导致人际关系弱化，情感淡漠，对现实生活中的人和事缺少兴趣，逐渐倾向自我封闭。

诱发违法犯罪：网络沉迷会导致虚拟角色与现实角色的混乱，被网络上的暴力、色情情节诱导，引发违法犯罪行为。

【开动脑筋】

网络沉迷有如此严重的危害，你还敢沉迷网络吗？

4. 如何防止自己陷入网络沉迷

正确认识网络：网络是获取知识的园地，上网要以学习知识为目的，不应仅仅为了娱乐，要合理善用网络资源。

控制上网时间：合理安排上网时间，当上网时间较长时，利用户外运动、家务劳动、社交活动等分散注意力。

培养兴趣爱好：多参加丰富多彩的课外活动，多寻找自己喜欢做的事情，培养广泛的兴趣爱好，转移对网络的注意力。

参加社会交往：积极参与社会活动，结交更多的朋友，体验伙伴间交流的乐趣，减少对网络的依赖。

保持规律生活：养成良好的作息习惯，通过规律的生活培养自制能力，从而更好地摆脱网络沉迷。

法律法规

《未成年人网络保护条例》

第四十二条　网络产品和服务提供者应当建立健全防沉迷制度，不得向未成年人提供诱导其沉迷的产品和服务，及时修改可能造成未成年人沉迷的内容、功能和规则，并每年向社会公布防沉迷工作情况，接受社会监督。

政策文件

《预防中小学生沉迷网络　教育部致全国中小学生家长的一封信》（节选）

防孩子沉迷网络，须各方尽心尽责。为易记忆、广传播，特附“防迷网”三字文：

互联网，信息广，助学习，促成长。

迷网络，害健康，五个要，记心上。

要指引，履职责，教有方，辨不良。

要身教，行文明，做表率，涵素养。

要陪伴，融亲情，广爱好，重日常。

要疏导，察心理，舒情绪，育心康。

要协同，联家校，勤沟通，强预防。

5. 我们该如何有节制地玩网络游戏

我们应使用真实有效的身份信息进行游戏账号注册并登录网络游戏，只可在周五、周六、周日和法定节假日的每日 20 时至 21 时，玩 1 小时网络游戏，其他时间不再玩网络游戏。

法律法规

《未成年人保护法》

第七十五条　网络游戏经依法审批后方可运营。

国家建立统一的未成年人网络游戏电子身份认证系统。网络游戏服务提供者应当要求未成年人以真实身份信息注册并登录网络游戏。

网络游戏服务提供者应当按照国家有关规定和标准，对游戏产品进行分类，作出适龄提示，并采取技术措施，不得让未成年人接触不适宜的游戏或者游戏功能。

网络游戏服务提供者不得在每日二十二时至次日八时向未成年人提供网络游戏服务。

《未成年人网络保护条例》

第四十六条　网络游戏服务提供者应当通过统一的未成年人网络游戏电子身份认证系统等必要手段验证未成年人用户真实身份信息。

网络产品和服务提供者不得为未成年人提供游戏账号租售服务。

《关于进一步严格管理 切实防止未成年人沉迷网络游戏的通知》（节选）

一、严格限制向未成年人提供网络游戏服务的时间。自本通知施行之日起，所有网络游戏企业仅可在周五、周六、周日和法定节假日每日 20 时至 21 时向未成年人提供 1 小时网络游戏服务，其他时间均不得以任何形式向未成年人提供网络游戏服务。

二、严格落实网络游戏用户账号实名注册和登录要求。所有网络游戏必须接入国家新闻出版署网络游戏防沉迷实名验证系统，所有网络游戏用户必须使用真实有效身份信息进行游戏账号注册并登录网络游戏，网络游戏企业不得以任何形式（含游客体验模式）向未实名注册和登录的用户提供游戏服务。

《关于进一步加强预防中小学生沉迷网络游戏管理工作的通知》（节选）

二、落实好防沉迷要求。网络游戏企业要按照《中华人民共和国未成年人保护法》和《国家新闻出版署关于进一步严格管理 切实防止未成年人沉迷网络游戏的通知》（国新出发〔2021〕14 号）规定，严格落实网络游戏用户账号实名注册和登录要求。所有网络游戏用户提交的实名注册信息，必须通过国家新闻出版署网络游戏防沉迷实名验证系统验证。验证为未成年人的用户，必须纳入统一的网络游戏防沉迷管理。网络游戏企业可在周五、周六、周日和法定节假日每日 20 时至 21 时，向中小学生提供 1 小时网络游戏服务，其他时间不得以任何形式向中小学生提供网络游戏服务。

四、杜绝网络不良社交行为

1. 网络不良社交行为有哪些表现形式

存在刷量控评、群体对立、互撕谩骂等现象的“不良饭圈”，满是打字对骂、模仿成人社会等行为的“黑界”，以及以对喷、飙脏话、爱骂人为风气的“祖安文化”，都是网络不良社交行为。这些网络不良社交充斥着侮辱谩骂、人身攻击、恶意举报等网络欺凌和暴力行为，严重侵犯青少年的人身和财产权益，污染青少年的价值判断。

政策文件

《关于依法惩治网络暴力违法犯罪的指导意见》（节选）

一、充分认识网络暴力的社会危害，依法维护公民权益和网络秩序

1. 在信息网络上针对个人肆意发布谩骂侮辱、造谣诽谤、侵犯隐私等信息的网络暴力行为，贬损他人人格，损害他人名誉，有的造成了他人“社会性死亡”甚至精神失常、自杀等严重后果；扰乱网络秩序，破坏网络生态，致使网络空间戾气横行，严重影响社会公众安全感。与传统违法犯罪不同，网络暴力往往针对素不相识的陌生人实施，受害人在确认侵害人、收集证据等方面存在现实困难，维权成本极高。人民法院、人民检察院、公安机关要充分认识网络暴力的社会危害，坚持严惩立场，依法能动履职，为受害人提供有效法律救济，维护公民合法权益，维护公众安全感，维护网络秩序。

【开动脑筋】

除了“不良饭圈”、“黑界”和“祖安文化”，你还知道哪些其他的网络不良社交行为？

2.“不良饭圈”的危害是什么

“饭圈”是粉丝圈子的简称，它是由追星粉丝自发组成的娱乐社群，成员多集中为青少年等低年龄段人群。目前，“饭圈”文化已经突破文化娱乐的范畴，青少年在一些“饭圈”好友和“大粉”的鼓励或煽动下，耗费大量的时间和精力打榜、控评、转发、点赞等，沦为免费的“数据劳工”。职业化的“饭圈”人士不只诱导青少年应援砸钱、集资，甚至利用青少年的无偿劳动获取经济利益。青少年粉丝被人操控利用，出现粉丝互撕谩骂、拉踩引战、挑动对立、侮辱诽谤、造谣攻击、人肉搜索、网络暴力、恶意营销等恶劣行为，甚至违反法律法规。“不良饭圈”还导致青少年奢靡享乐、病态审美、畸形追星，对青少年的价值观造成严重影响。

真实案例 1

“不良饭圈”骂战频频发生

初二学生小蕾是某男明星的“忠实粉丝”，关注了一大批粉丝应援号和“大粉”，还加入了各种各样的群。据小蕾介绍，在“饭圈”，真正核心的粉丝都要加入各种群为自己的偶像“做贡献”，比如花钱买各种代言产品、杂志，或者在明星被黑时为他“冲锋陷阵”，就是和对家明星的粉丝对骂。几天前，因为另一位男明星的粉丝说了自家男明星的坏话，在几位群主和“大粉”的带领下，小蕾和其他粉丝不仅去那位粉丝的账号下进行辱骂、举报该账号，还去那位粉丝喜欢的男明星“超话”和微博下用带有侮辱性词汇的文案及男明星的丑图刷屏。像这样的骂战和纠纷，几乎三天一小吵，十天一大吵，小蕾已经见怪不怪。但有时候，骂战中的污言秽语令小蕾也难以忍受。

真实案例 2

偷钱为偶像打榜

高中女生小魏偷偷拿走家里上千元钱准备给偶像打榜，因此与父亲发生争吵推搡，导致两人均有不同程度的受伤。在医院外科诊室里，小魏对父亲说，偶像需要她来守护，榜单对偶像很重要，排名高，商单就会多，偶像的事业发展就会更好，她是死忠粉，绝不“白嫖”。如此追星太不理智，然而这并非个例，“饭圈少年”并不少见。他们沉迷追星、不爱学习，为了偶像打榜不惜“一掷千金”，为了维护偶像形象可以加入无休止的骂战，甚至不惜与父母“反目成仇”。

3.“黑界”的危害是什么

“黑界”是一种以未成年人为主体的新型社交方式，他们在网络世界中构造一个成人世界，模仿成人社会划分阶层组织，在网络上创建“家族”并扩大“族人”，通过拉QQ群或讨论组，各方派代表，利用打字对骂（即“打讨论”或“扣字”）的方式攻打其他“家族”或发表引战言论。“黑界”会导致青少年的三观迷失，把“家族”利益凌驾于自己利益之上，把骂人当成一种美德，甚至成为犯罪的受害者。犯罪人员会假借收徒为名进行诈骗，利用各种各样的返利诈骗套路诈骗青少年。“黑界”中的侮辱谩骂、人身攻击、恶意举报等网络欺凌和网络暴力行为还侵犯了受害者的名誉权、隐私权等，甚至诱发犯罪。

真实案例 1

- **“家族”“对战”就是打字骂人**

高二学生小张混“黑界”已经有3年时间。“黑界”由各个“家族”组成，“家族”以网络社交群进行联络，加入相关的群就意味着加入了“黑界”。进入“家族”后，可以在里面交朋友、认师傅，“家族”里影响最大的人是族长，可以号令“家族”成员与其他“家族”“对战”。“家族”“对战”多是通过“扣字”来体现的。“扣字”就是打字发骂人的言论，谁打字速度最快，骂人“输出”最多，让别人插不上话，就算谁赢。据小张介绍，“扣字”骂人的话不需要有逻辑，但必须有骂人的字眼，这种时候讲文明就是尿。小张是他们“家族”里“扣字”的前几名，每次出征都是主力。小张说每次跟其他“家族”“对战”，都是在为他们的“家族”荣誉而战。他感觉自己就像古代的少侠，身处一个江湖，可以和其他门派比拼。可见，小张的价值观已经受到“黑界”的消极影响，导致了严重不良行为。

真实案例 2

“黑界”里的“婚礼”有何意义

一群“05后”的学生，在“黑界”群里举办了一场“婚礼”。“新郎”和“新娘”是“黑界”主管和他的助理。从网上流出的“婚礼”现场来看，这场QQ群“婚礼”举行得有模有样。参加“婚礼”的每一位群友都很有仪式感，有鼓掌的，有撒花的。“新郎”同学在“求婚”的时候，还用霸气的口吻对“新娘”说，从此以后，“新娘”的超级会员、黄红蓝钻，他包了。“新娘”也感动得流下了眼泪。在“婚礼”举行的过程中，“司仪”突然不见了，原来是现实中，他爸爸来抽查作业了。我们不知道，这样的“婚礼”有什么意义。

4.“祖安文化”的危害是什么

“祖安”原本是某网络游戏中的一个游戏地区，该区玩家以爱说脏话、擅长骂人著称。后来，经部分网络自媒体不断恶意曲解、渲染、炒作，“祖安”逐渐成为对喷、飙脏话、爱骂人的代名词。近年来，一种称为“祖安文化”的亚文化在很多游戏社区、社交媒体、视频剪辑网站走红，其中不乏学生，他们甚至将“祖安话”嵌入校园现实生活的话语体系，变成一种常态化的语言暴力。青少年尚处在三观形成期，“祖安文化”对青少年造成了恶性诱导和不良影响。他们对“祖安文化”粗鄙下流的内核本质了解不深，不以为耻，反以为“酷”。这不利于青少年形成健康礼貌的用语习惯，甚至污染青少年的价值观判断。“祖安文化”中的侮辱谩骂、人身攻击等暴力行为，还侵犯了受害者的名誉权，甚至诱发违法犯罪。

真实案例 1

“祖安文化”滋生暴力行为

有位记者对“祖安文化”进行了采访，在进入一些以游戏交流或聊天交友为主题的QQ群后，记者发现用“祖安话”进行对骂是常态。任何话题都可能引发持续数十分钟的骂战，原本的正常交流也被铺天盖地的粗口吞没，而且对骂中还夹杂着大量色情、暴力的图文。有些对骂、爆粗口等行为并不会止步于QQ聊天群中，几乎每天都有人在某些群里发布一些QQ号或微信号，后面附带了号主的姓名、电话甚至照片，号召群友们前去“爆破”。小陈告诉记者，这些大部分是学生做的，他们把同学或者老师的信息发到网上，喊人去骚扰，或者恐吓、威胁。QQ群管理员小王对记者说，之所以如此，是因为在群里很多人都是瞎骂，但骂着骂着就急眼了，然后就把对方的信息查出来，作为威胁手段，这样一般人就不敢再说话了。因此，“祖安文化”令人诟病的不仅仅是脏话，更是它背后所滋生的暴力行为。

真实案例 2

满口脏话却引以为傲

初三班主任葛老师偶然注意到，班上的学生在发生摩擦时，常常飙一些戾气非常重的脏话。有些时候，从表情和氛围上看，几个学生是在交流、开玩笑，但口中的词脏得令人震惊。葛老师问几位学生，为什么用词那么恶毒？学生不以为然地回答，他们只是在开玩笑，并没有真的诅咒父母，这些都是从网上看来的“祖安语录”。葛老师还发现，学生们有时还笑称自己是“祖安男孩”或“祖安女孩”。葛老师说自己是“85 后”，并不是什么老古板，但这种程度的污言秽语，以及他们那种习以为常的态度，让他十分不解。可见，“祖安文化”对青少年的三观造成了恶劣影响，严重污染了他们的价值判断。

5. 如何规范网络社交行为

我们要文明上网、理性追星，不参与掐架、互骂、说脏话等不良活动。我们要学会分辨网络不良信息，远离网络低俗文化，自觉抵制“不良饭圈”“黑界”“祖安文化”等网络不良社交行为，严格规范自身上网行为，提升网络素养，并学会自我保护。

政策文件

《关于联合开展未成年人网络环境专项治理行动的通知》（节选）

二、工作任务

……

（二）整治不良网络社交行为。加大对“饭圈”“黑界”“祖安文化”等涉及未成年人不良网络社交行为和现象的治理力度，对涉及未成年人网络社交中出现的侮辱谩骂、人身攻击、恶意举报等网络欺凌和暴力行为，以及敲诈勒索、非法获取个人隐私等违法活动予以查处。对相关QQ账号、群组等通报相关企业，依法依规采取关闭群组、关闭账号等处置措施。（公安部门牵头，网信、电信、市场监管等部门配合）

五、做好个人信息保护

1. 什么是个人信息

无论单独还是与其他信息结合，只要能识别某个特定个人的信息，如我们的姓名、出生日期、身份证件号码、生物识别信息、住址、电话号码、电子邮箱、健康信息、行踪信息等，都属于个人信息。其中，生物识别、宗教信仰、特定身份、医疗健康、金融账户、行踪轨迹等信息，以及不满 14 周岁未成年人的个人信息，属于敏感个人信息，因为这些信息一旦泄露或被非法使用，会导致我们的人格尊严受到侵害或者人身、财产安全受到危害。

法律法规

《民法典》

第一千零三十四条第一款　自然人的个人信息受法律保护。

第二款　个人信息是以电子或者其他方式记录的能够单独或者与其他信息结合识别特定自然人的各种信息，包括自然人的姓名、出生日期、身份证件号码、生物识别信息、住址、电话号码、电子邮箱、健康信息、行踪信息等。

《个人信息保护法》

第四条第一款　个人信息是以电子或者其他方式记录的与已识别或者可识别的自然人有关的各种信息，不包括匿名化处理后的信息。

第二十八条第一款　敏感个人信息是一旦泄露或者非法使用，容易导致自然人的人格尊严受到侵害或者人身、财产安全受到危害的个人信息，包括生物识别、宗教信仰、特定身份、医疗健康、金融账户、行踪轨迹等信息，以及不满十四周岁未成年人的个人信息。

2. 个人信息受法律保护吗

每个人的个人信息都受法律保护。任何人都不得非法收集、使用、加工、传输他人的个人信息，更不得非法买卖、提供或者公开他人的个人信息。此外，处理敏感个人信息需要取得个人的单独同意，处理不满 14 周岁未成年人的个人信息，还需要取得未成年人的父母或者其他监护人的同意。

法律法规

《个人信息保护法》

第二条　自然人的个人信息受法律保护，任何组织、个人不得侵害自然人的个人信息权益。

第十条　任何组织、个人不得非法收集、使用、加工、传输他人个人信息，不得非法买卖、提供或者公开他人个人信息；不得从事危害国家安全、公共利益的个人信息处理活动。

第二十九条　处理敏感个人信息应当取得个人的单独同意；法律、行政法规规定处理敏感个人信息应当取得书面同意的，从其规定。

第三十一条　个人信息处理者处理不满十四周岁未成年人个人信息的，应当取得未成年人的父母或者其他监护人的同意。

个人信息处理者处理不满十四周岁未成年人个人信息的，应当制定专门的个人信息处理规则。

3. 个人信息泄露会造成哪些危害

未成年人的个人信息泄露，轻则会被各种机构利用，拨打营销骚扰电话、发送垃圾短信和广告邮件等，破坏个人生活安宁；重则会被犯罪人员利用，实施电信网络诈骗、蹲点诱拐、恶意骚扰、网络暴力、网络欺凌等违法犯罪活动，严重侵害未成年人和他们父母的人身安全和财产安全。

真实案例

● 个人信息泄露被犯罪人员诈骗

12岁的小兰平常喜欢刷短视频，某天在浏览网页时，被一则弹窗广告吸引。她看到某短视频 App 注册不需要父母同意，就进行了下载注册，并瞒着父母将个人信息上传至网络。之后，小兰经常拍摄自己的日常生活视频在 App 中分享。某天，小兰妈妈接到一个电话，对方询问她是不是某小学戴着眼镜的小兰同学的妈妈，并声称小兰在放学路上与别人发生冲突，被打伤后住进医院，并准确说出了妈妈的上班单位，让妈妈赶快转1万元到指定账户，用来缴纳急诊费。由于对方说的信息都准确，妈妈信以为真，便将钱款转了过去。等妈妈来到医院才发现被骗，之前的电话也无法打通。诈骗人员就是利用小兰在网上上传的个人信息和生活视频，对妈妈实施了精准诈骗。

4. 侵犯个人信息会产生哪些民事责任

公民个人信息保护属于人格权保护范畴。侵犯公民个人信息，侵害者需要承担停止侵害、排除妨碍、消除危险、消除影响、恢复名誉、赔礼道歉等民事责任，如果造成公民人身、财产或精神损害的，还需要承担人身损害、财产损害或精神损害赔偿责任。

法律法规

《民法典》

第九百九十条　人格权是民事主体享有的生命权、身体权、健康权、姓名权、名称权、肖像权、名誉权、荣誉权、隐私权等权利。

除前款规定的人格权外，自然人享有基于人身自由、人格尊严产生的其他人格权益。

第九百九十五条　人格权受到侵害的，受害人有权依照本法和其他法律的规定请求行为人承担民事责任。受害人的停止侵害、排除妨碍、消除危险、消除影响、恢复名誉、赔礼道歉请求权，不适用诉讼时效的规定。

真实案例

侵犯个人信息被判刑并承担民事责任

肖某伙同他人设立“五六七发卡”平台，为犯罪人员在该网站上出售个人信息提供服务，并收取手续费。肖某等八人通过在该网站上开设店铺，累计出售和购买个人信息128万余条，这些信息均为未成年人的姓名和对应的身份证号。其中，肖某累计出售未成年人个人信息379525条，违法所得共计15.2万余元。法院审理认定肖某等人构成侵犯公民个人信息罪，分别判处肖某等人有期徒刑4年3个月至1年不等的刑期，并处罚金。互联网法院还判定，民事公益诉讼被告人肖某等人侵害了社会公共利益，赔偿30万元，并在国家级媒体上向社会公众刊发赔礼道歉声明。判决生效后，检察院依托该省妇女儿童基金会，将这笔损害赔偿金设立专项基金，用于未成年人网络安全等权益保护。

5. 侵犯个人信息会产生哪些刑事责任

违法向他人出售或者提供公民个人信息，达到情节严重时，违法人员将构成侵犯公民个人信息罪，需要承担有期徒刑、拘役、罚金等刑事责任。

法律法规

《刑法》

第二百五十三条之一 【侵犯公民个人信息罪】违反国家有关规定，向他人出售或者提供公民个人信息，情节严重的，处三年以下有期徒刑或者拘役，并处或者单处罚金；情节特别严重的，处三年以上七年以下有期徒刑，并处罚金。

违反国家有关规定，将在履行职责或者提供服务过程中获得的公民个人信息，出售或者提供给他人的，依照前款的规定从重处罚。

窃取或者以其他方法非法获取公民个人信息的，依照第一款的规定处罚。

单位犯前三款罪的，对单位判处罚金，并对其直接负责的主管人员和其他直接责任人员，依照各该款的规定处罚。

真实案例

买卖个人信息构成侵犯公民个人信息罪

苏某利用工作之便，收集了某市各小学、初中、高中学生信息 27404 条，卖给了索要信息的段某，非法牟利 6028 元。某培训学校负责人张某想买生源信息，段某转手将其中的 4808 条信息卖给了张某，非法牟利 13180 元。随后，苏某和段某还分别给了中间人王某好处费 600 元和 500 元。法院审理认定段某、苏某、王某构成侵犯公民个人信息罪，判处段某拘役 4 个月，缓刑 6 个月，并处罚金；判处苏某拘役 5 个月，缓刑 10 个月，并处罚金；因王某有自首情节，单处罚金。同时，法院判处刑事附带民事公益诉讼被告人段某、苏某、王某分别以其获利数额承担民事赔偿责任，张某删除购买的全部未成年人信息，四人在国家级媒体上公开赔礼道歉。

6. 如何保护好个人信息

未成年人一定要妥善保管个人信息，不要轻易告知他人。不注册要求提供个人信息的账号，不在网上发布包含个人信息的照片和文字。如果有人要求提供个人信息，一定要和家长、老师或者其他信任的成年人联系，通过正确渠道加以核实，不要盲目提供。

真实案例

● 个人信息泄露差点酿成惨案

何女士常常在朋友圈晒豪宅豪车和孩子上学的情况，她的一个小学同学看到后便心生歹意，萌生了绑架孩子敲诈勒索何女士的想法。这个小学同学纠集了另外三人，跟踪了何女士十多天，掌握了何女士的生活轨迹。正当这四人要下手时，恰巧何女士去给自己的车做保养，汽修师傅告诉何女士，她的车底盘处被安装了 GPS 定位器。何女士报警后，警察抓获了这四名犯罪嫌疑人，并在犯罪嫌疑人的车里查到了砍刀、头套、封嘴胶带等作案工具。